Te^7_{75}

POINT

D'EFFET SANS CAUSE;

PAR Mr L. F. DE TOLLENARE.

Mens agitat molem.

NANTES,

FOREST, IMPRIMEUR-LIBRAIRE,

QUAI DE LA FOSSE, N° 2.

1828.

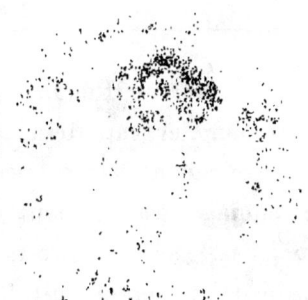

POINT D'EFFET

SANS CAUSE.

On me demande dans le monde, avec une certaine dérision, ce que je pense des miracles de Madame de Saint - Amour (*). Je n'ai point vu de miracles. Voilà ma réponse.

Ce serait bien plutôt à nos savans, à nos physiologistes, à nos médecins, à nos pasteurs qu'il conviendrait de s'adresser pour obtenir des lumières sur des faits inaccoutumés. Mais malheureusement il est arrivé qu'aucun d'eux n'a consenti à s'approcher

(*) Madame Renaud-de-Saint-Amour, née Fremery, épouse d'un Officier supérieur de cavalerie, femme pieuse et charitable, a séjourné à Nantes pendant tout le mois de Septembre, reçu et soulagé gratuitement et sans médicamens un grand nombre de malades. Des controverses se sont établies sur la nature du procédé qu'elle employait. Toutes n'ont pas été marquées au coin de la décence. J'ai cru devoir défendre une dame grossièrement attaquée, parce que sa sincérité ne m'a pas paru douteuse, et parce que ses actes étaient dignes de respect. J'ai, de plus, tenté de me rendre compte de son mode d'action. C'est cette tentative qui donne lieu au présent écrit, lequel n'est une apologie ni de quelqu'interprétation que ce soit des dogmes mystérieux du Christianisme, ni de ce que j'entends nommer autour de moi l'*Illuminisme*.

de cette dame, qui cependant ouvrait sa porte à tout le monde et ne se défendait d'aucun examen. Je dis malheureusement, car s'il y avait prestige, intrigue ou imposture de sa part, ce n'était pas sur les exagérations et les préventions d'un peuple ignorant ou méchant, crédule ou superstitieux que nous pouvions former nos jugemens. C'était aux classes respectables que je viens de désigner, qu'il appartenait de déchirer, s'il y avait lieu, le voile fascinateur. En négligeant, cette fois-ci, leur méthode habituelle d'observation, elles ont peut-être protégé, sans le vouloir, de nombreuses erreurs, soit chez les amis, soit chez les détracteurs de Madame de Saint-Amour. Pourquoi faut-il qu'elles se soient tenues à l'écart ! Pourquoi n'ont-elles pas solennellement paru sur la scène!

Je vais loyalement exposer les motifs de mon opinion, non que je croie celle-ci d'un grand poids, mais parce que je pense qu'il importe de provoquer, dans cette circonstance, des discussions moins passionnées que celles qui n'ont encore produit que des sarcasmes et des injures. Et, sans affectation de modestie, je déclare que je serai toujours prêt à réformer mon jugement quand des explications plus satisfaisantes que celles auxquelles je me suis attaché, auront atteint ma conviction.

Je dis donc que je n'ai point vu de miracles. J'ai été témoin de guérisons, ou plutôt de telles améliorations instantanées dans l'état des souffrans, que rien de semblable ne s'était jamais offert à mes yeux. Rencontrant des effets, j'ai pensé qu'il était digne d'un homme sensé, premièrement d'examiner si ces effets, faibles ou éclatans, peu importe, étaient ou non des illusions; secondement, s'ils étaient réels, de chercher quelles pouvaient en être les causes; le simple bon sens se soumettant aussi volontiers que la plus haute philosophie, à la loi de causalité.

L'examen des effets n'était point du domaine du raisonnement; l'expérience seule pouvait constater qu'ils existaient. Or, ces effets, quels qu'ils soient, légers ou très-prononcés, de courte ou de longue durée, naturels ou surnaturels; ces effets qu'il n'est pas encore tems de qualifier, je les ai vus, et, comme dit Orgon, de mes propres yeux, vus. Ces membres contournés se sont, en quelques secondes, redressés sans souffrance; ces mains closes depuis trente ans, dont

mille efforts avaient vainement sollicité le
libre exercice, se sont ouvertes et ont repris
leur usage; ces paralytiques, cent fois élec-
trisés, ont cessé d'implorer la pénible assis-
tance de leurs parens ou de leurs bequilles,
pour se transporter d'un lieu à un autre;
ils se sont rendus chez eux appuyés sur un
simple bâton, quelques-uns même sans cet
appui. Des tumeurs, des fistules ont disparu
sous la main bienfaisante qui les pressait;
des oppressions, des rhumatismes, des douleurs
opiniâtres de longue date ont subitement
cessé; des palpitations, des crises nerveuses
se sont calmées, des enflures d'hydropisie
se sont affaissées, des plaies cancéreuses et
autres, jadis presque intactiles par l'excès
des souffrances causées par l'attouchement,
ont été lavées, palpées, pansées sans exciter
d'autres soupirs que ceux de la reconnais-
sance. De nombreux malades enfin viennent
me déposer de leur rétablissement depuis le
moment, disent-elles, qu'elles ont uni leurs
prières à celles de Madame de Saint-Amour.

Voilà les faits dont je peux témoigner, et
je veille, en les exposant, soit à supprimer
tout ce que je n'ai pas positivement vu par
moi-même, soit à dégager le récit des cures

dé ces sortes de circonstances que j'expli-
quérais mal faute de connaître le langage
médical, ou qui paraîtraient trop extraordinaires dans l'exposé de pur raisonnement
que je veux faire. Je ne dis pas que les faits
se soient prononcés à toutes les épreuves ;
mais il me suffit de pouvoir affirmer de plusieurs effets certains, pour être justifié des
tentatives que j'ai faites d'en découvrir les
causes.

Ces tentatives n'ont pas toujours été inter-
prétées en faveur de mon jugement ; je le sais.

Plusieurs de mes amis se sont éloignés de
moi en déplorant l'affaiblissement de mon
esprit. Je suis tranquille : ils me reviendront
quand ils retrouveront les mêmes vieux sentimens au fond de mon cœur, parce que nous
ne comptons pas ensemble par déductions
syllogistiques plus ou moins conformes aux
lois de l'école.

D'autres nient que j'aie vu ; non, je pense,
qu'ils m'accusent d'imposture, mais, disent-
ils, victime d'une illusion, j'ai cru voir ; il
n'y a eu aucun effet produit.

Je répète que je n'annonce point avoir as-
sisté à des miracles. Je n'ai vu ni morts res-
suscités, ni aveugles-nés devenus clairvoyans,

ni paralytiques s'en aller en dansant. Je ne
parle que d'effets quelconques, dont la vé-
rification était facile sur des personnes non
suspectes. Plus ils étaient remarquables, plus
ils excitaient ma défiance et ma puissance
d'observation; plus certaines épreuves manquaient, plus la certitude du succès des autres devenait appréciable. Quels qu'ils soient,
quant à l'intensité de leur manifestation, je me
crois encore assez à l'abri des hallucinations,
pour ne pas condescendre à l'aveu que rien
ne s'est passé sous mes yeux. A qui niait le
mouvement, un philosophe répondit en mar-
chant. Je ne me sens pas capable de faire
d'autre réponse, osant à peine invoquer des
témoignages étrangers, quand je recuserais
ceux qui seraient contraires à mon expérience
personnelle. Pour n'être cependant pas taxé
d'impertinence, je dois dire que, dans la
présente brochure, je n'ai aucunement l'in-
tention de combattre les dénégateurs absolus.
Pour moi, des effets existent, des souffrans
ont été réellement soulagés après la prière
qu'a faite sur eux Madame de Saint - Amour.
Il n'y a point de discours dérisoires qui puissent me porter à infirmer cette assertion.

Pour d'autres que moi, les effets existent

aussi ; mais, disent ces consentans aux faits,
ils ont été faibles, ils ne sont pas durables.

Une légère douleur rhumatismale, une mi-
graine peuvent être suspendues à la suite ou
pendant une vive distraction. Mais je ne saurais leur comparer, et appeler faible effet, ni
l'usage pendant plusieurs semaines d'un mem-
bre dont on était privé depuis plusieurs an-
nées, ni, pour ne pas me répéter, aucun
de ceux que j'ai énumérés plus haut, et
dont les personnes à qui je m'adresse ne con-
testent que l'importance et non l'existence.
Quand même l'effet serait faible, ce que je
suis loin d'accorder, il faudrait en chercher
la cause. Et quant à la durée, sans insister
ici sur la permanence connue de plusieurs
guérisons, non plus que sur le système par
lequel on justifiera plus tard les intermit-
tences, elle n'importe pas ici, elle ne dis-
pense pas plus ceux qui l'objectent que je
n'en suis dispensé moi-même, de demander
le comment ou le pourquoi d'un effet reconnu, soit qu'il se maintienne un jour, une
semaine ou un mois.

Pour nous tous donc, qui croyons sensé
de nous rendre raison des effets inaccoutumés, il y a prudence, il y a sagesse à tra-

vailler à rechercher, autant qu'il est en nous,
les causes : la bonne direction des affaires
humaines, sociales ou personnelles, ne re-
pose que sur cette méthode.

L'opportunité de trouver une cause à un
effet ne devant pas être contestée, une nouvelle carrière s'ouvre devant nous. Il faut
mettre le doigt sur la vraie cause, et ici naît
la division d'opinions : il n'y a là rien que de
très-naturel ; car l'intelligence humaine, dans
son imperfection, ne saisit les vérités qu'après
de certains effets. Qu'ils soient sincères et ils
seront tous louables.

Les opinions sur la cause des effets produits
par l'intermédiaire de Madame de Saint-Amour,
m'ont paru se porter sur trois chefs, l'imagination, le magnétisme et la prière : je vais les
examiner successivement tous les trois.

Si par imagination on entend la croyance
de ce qui n'est pas, la croyance qu'on est soulagé, quand on souffre encore, qu'on ouvre une
main, qui cependant reste fermée, nous allons
tomber dans l'absurde en vue des faits. Mais
on appelle aussi puissance de l'imagination
certain ébranlement de l'âme, qui affranchit
du sentiment de la douleur celui qui l'éprou-
vait. On cite à l'appui de l'existence de cette

puissance, le paralytique qui, surpris dans son lit par un incendie, trouve dans sa frayeur et dans le désir de sa conservation, une énergie morale telle qu'il peut se lever et gagner la rue, où il retombe. On cite encore ce malheureux que désespère une rage de dents, qui court chez le dentiste, et qui, à l'idée de l'opération chirurgicale qu'il va subir, sent se calmer sa douleur, en heurtant à la porte de l'odontalgiste. On pourrait citer encore le déserteur poursuivi qui échappe aux gardes qui vont le saisir, en franchissant, désespéré, un ravin de vingt pieds ; le poëte ou l'artiste stérile, qui retrouve sa verve au fond d'un troisième flacon de Bourgogne, et beaucoup d'autres exemples analogues où l'exaltation des facultés morales a pour résultat des effets extraordinaires. Mais dans ces cas, la cause de l'exaltation morale est un accident appréciable, palpable, pour ainsi dire, par l'entendement ; elle ne l'est point dans les effets que nous examinons.

Rien dans les manières simples et affables de Madame de Saint-Amour n'est capable de frapper l'imagination, de produire l'ébranlement moral que font naître la crainte, l'espoir fortement excité, les pratiques superstitieuses, la vue d'un naufrage ou d'un incendie. Ce n'est ni la Sibylle échevelée, haletant en prononçant ses oracles, ni un Cagliostro-en-robe, Thaumaturge affecté, préparant son postulant par des jeûnes et des discours, ou l'effrayant par des initiations fantasmagoriques. Des gens qu'on ne peut soupçonner de croire aux sortilèges, et qui ont appelé cette dame une sorcière, n'ont fait qu'une plaisanterie de mauvais goût. Ce serait une sorcière tout à fait à l'eau rose. Simplement vêtue, douée des grâces aisées qu'on trouve chez tous les gens bien élevés, gaie, bienveillante et sans apprêts, à peine elle parle à son malade pendant deux minutes, et cela, non dans un cabinet mystérieux, mais en présence des assistans curieux, crédules ou incrédules. — Qu'avez-vous, lui demande-t-elle avec le ton d'intérêt qu'on prend avec tous les souffrans? — Telle infirmité. — Croyez-vous que Dieu qui nous envoie le mal, puisse l'ôter? — Oui. — Vous savez qu'il est dit dans l'Evangile : demandez et il vous sera accordé? — Oui. — Demandez avec moi, et dans ces sentimens, votre guérison au Seigneur. — Je la demande. — Après une prière mentale de quelques secondes, la main posée sur le siège de la douleur.... Au

nom de Jésus-Christ, dit-elle sans déclamation
affectée, allez; il vous est accordé suivant
votre foi, ou suivant la sincérité de votre
prière. — Puis, la prétendue Thaumaturge
passe à un autre malade; on renoue une conversation familière et élégante qu'elle avait
interrompue, conversation semblable à toutes
les spirituelles conversations du monde.

Je ne discute point encore sur l'efficacité
de la prière; je ne veux que peindre la scène
telle qu'elle se passe le plus communément,
afin qu'on juge si de semblables paroles, dites
avec simplesse, peuvent être, quant à leur
effet sur l'imagination, comparées avec l'incendie d'une maison, le déploiement d'instru-
mens de chirurgie, les solennités lithurgiques,
l'attente d'une crise, ou la présence d'un
danger imminent.

Dans l'hypothèse où l'intervention divine
serait recusée, il y aurait donc nécessité de
chercher une nouvelle cause de l'action opérée
sur le moral, je ne dis pas, sur le physique,
par le moral, cette action n'est pas en question,
mais sur le moral lui-même; il faudrait pouvoir
démontrer que de simples conseils pieux, comme on en reçoit tous les jours des pasteurs, peuvent donner naissance au phénomène physiolo-

gique qui réagit si promptement sur la santé corporelle. Que si l'on dit que la prière est elle-même ici un acte de l'imagination, ce sera déjà faire une large concession à la prière, que d'accorder à celle de quelques secondes, et dans une circonstance presque fugitive, une puissance qu'elle n'avait pas avant au pied des autels, ou quand le malade gémissant, invoquait Dieu sur son lit de douleur. Mais ce n'est sans doute pas ainsi que l'entendent les personnes qui arguent de la puissance de l'imagination; car si on leur proposait un semblable argument, elles s'écrieraient bientôt elles-mêmes qu'il n'y a pas de proportion entre la cause et l'effet, ou que l'effet devrait être plus grand après une longue et fervente supplication dans le silence et le recueillement d'un oratoire, qu'après une courte éjaculation dans un salon, au milieu d'une foule tumultueuse qui l'interrompt. Je parlerai plus tard de la prière, mais ce ne sera pas en la considérant comme un simple acte de l'imagination.

Je continue de me demander quelle cause a pu donner à la puissance d'imagination, une énergie telle, que, sans manifestation dans les traits du patient, il en soit résulté spon-

tanément dans sa santé, des changemens que
ni médication, ni régime, ni actes pieux an-
térieurs, ni secousses n'avaient jusqu'alors
obtenus.

Si Madame de Saint-Amour, distribuant une
poudre bénite, eut dit aux fiévreux : croyez
en ma puissance, ou croyez en Dieu; prénez
cette poudre et vous serez guéris. Supposez
le quinquina inconnu comme il l'était il y a
deux siècles, on crierait au pouvoir de l'imagination; mais qu'un savant ouvre le sachet,
et voilà le secret découvert: personne aujour-
d'hui ne vient nous ouvrir le sachet!

Dira-t-on que dans la présente affaire, il ne
s'agit pas de remèdes, puisqu'il n'en est pas dis-
tribué, et qu'il est seulement question d'actes
moraux destinés à réagir sur le physique.
Mais, tous les jours, les médecins conseillent
eux-mêmes des remèdes moraux, pour le rétablissement de la santé, la distraction, l'oubli
des affaires, les voyages d'agrément, la paix
de l'âme, ou l'excitation à quelques affections.
Le remède de madame de Saint-Amour, con-
sidéré comme étranger à l'influence de la
prière, aurait donc été de leur compétence.
Cependant ils ne se sont point présentés pour
l'étudier, quelque grand qu'on puisse suppo-

ser leur désir de tenir un moyen de calmer
ou de suspendre des souffrances avec aussi
peu d'appareil que nous l'avons vu faire. C'est
qu'ils ne reconnaissent sans doute pas que de
simples discours, encore bien que très-pieux,
puissent donner à l'imagination une secousse
analogue à celle qu'ils ont reconnue dans d'autres circonstances violentes, ou un ébranlement capable de soulager les malades.

Et si quelques physiologistes insistaient pour
déduire certains effets sur la santé, soit du
léger attendrissement possible qui suivrait une
exhortation touchante, soit du désir de la guérison, méthode qu'il ne tient qu'à eux d'es-
sayer avec tout l'empire que leur donnent la
science et la considération, je récuserais encore
cette déduction par le motif que voici. C'est
que si j'ai donné aux scènes du traitement
autant d'extension que je l'ai fait tout à l'heure,
ce n'a été que par esprit de probité dialec-
tique; car il est de fait qu'elles sont souvent
plus brèves et plus rapides, et qu'enfin nous
avons vu des améliorations physiques très-
marquantes, obtenues sur des sujets idiots
qui ne comprenaient en aucune façon ce dont
il s'agissait et sur qui, par conséquent, le
pouvoir de l'imagination était nul.

Ne trouvant donc aucune solution satisfaisante à la thèse que je viens d'examiner, j'en conclus que si j'admettais, avec une docile paresse, que l'imagination est l'agent des effets produits par Madame de Saint-Amour, je tomberais dans le défaut des personnes qui, dans une explication, se contentent d'un mot sans le comprendre ou sans y attacher aucun sens nettement conçu. Dieu me garde de cette sorte de logique, surtout quand d'autres explications me sont présentées !

A défaut du pouvoir de l'imagination considérée comme mensonge, ou comme effet énergique, mais sans cause connue ou admissible, de la puissance de l'âme, plusieurs observateurs ont affirmé que les malades avaient été soulagés au moyen du magnétisme, je veux dire de ce fluide dit magnétique dont la découverte est attibuée à Mesmer, et dont les effets physiologiques annoncés, excitent l'attention d'hommes respectables de nos jours, tandis qu'ils attirent la dérision de certains autres.

Pour quelques gens, le magnétisme est une chimère ; il n'a pas plus de réalité que le soulagement donné aux malades par Madame de Saint-Amour : les magnétiseurs sont des im-

posteurs, leurs somnambules n'ont jamais parlé.
— Comme le magnétisme n'est pas une vérité
de raisonnement, comme il est, ainsi que le
mouvement, un fait qu'il faut voir pour y
croire, je ne blâme pas l'incrédulité de ceux
qui n'ont pas vu; mais ce n'est pas à eux que
je m'adresse en examinant les explications qu'on
veut donner par cet agent.

Pour d'autres, le magnétisme est encore un
produit de l'imagination; ce qui veut dire,
ou un mensonge, cathégorie semblable à la
précédente, ou un effet sans cause démontrée,
cathégorie dans laquelle au moins des effets
sont reconnus, mais qui se confondra sans
peine avec celle qui va suivre.

Pour les magnétiseurs, enfin, le magnétisme
est, hypothétiquement, un fluide répandu dans
toute la nature. La volonté bienveillante du
magnétiseur l'accumule dans certaine mesure
sur un individu, pour améliorer, dit-on, son
état sanitaire. Il provoque alors souvent le
sommeil du magnétisé. Le magnétisé, une fois
endormi passe fréquemment à l'état de somnambulisme. Le somnambule cause avec son
magnétiseur et avec les personnes avec qui
celui-ci consent mentalement qu'un rapport
s'établisse. Il voit, les yeux fermés, devine ou

sent la pensée non parlée du magnétiseur,
obéit aux volontés que ce magnétiseur con-
çoit dans son esprit sans les exprimer vocale-
ment ou mimiquement; il se lève, marche,
boit, mange en dormant, avec autant d'apti-
tude que s'il était en veille. On lui amène des
malades, il voit leur intérieur et leur indique
des remèdes. Il voit son propre intérieur, et
s'ordonne également des médicamens. Ses pensées ont plus de lucidité, son langage a plus
de correction et de netteté que dans la vie
sociale. Il sort de son sommeil à la volonté
mentale du magnétiseur, et ne conserve,
éveillé, aucun souvenir des phénomènes dont
il vient de donner le spectacle; mais réendor-
mi magnétiquement, ses souvenirs se relient
aux actes du précédent somnambulisme. Ce
n'est cependant pas tout à fait comme deux
existences morales indépendantes, car le somnambule se rappelle dans le sommeil des actes
de l'état de veille, sans qu'il y ait réciprocité.

Des somnambules lisent, dit-on, par l'épi-
gastre, et écrivent pendant leur sommeil; ils
annoncent des événemens qui se passent à
plusieurs centaines de lieues, du fauteuil sur
lequel ils reposent, en prédisent d'autres, et
rencontrent juste. Ils rendent compte d'un

2

monde intérieur ou spirituel dans lequel ils
disent se trouver; ce qui, pour le spectateur,
paraît un rêve parlé. Telle est la flexibilité de
quelques-uns sous la volonté du magnétiseur,
que l'individu, revenu à la vie ordinaire, et
loin de son magnétiseur, tombera de lui-
même et malgré lui, dans le somnambulisme,
s'il prend entre ses mains à une heure indiquée, un mouchoir, une boîte, ou tel autre
objet, devenu talisman, dans lequel ce magnétiseur aura imprégné sa volonté mentale
que le somnambulisme renaisse à cette heure.
Ces prodiges apparens et d'autres plus mer-
veilleux encore, sont consignés dans tous les
livres de magnétisme, livres écrits par des personnes qu'entoure la considération publique.

Les faits de ce dernier paragraphe, je ne
les ai pas vus, je les ai seulement lus; mais
j'affirme par moi-même de la réalité de ceux
que rapporte le premier. J'ai eu sous ma direction, comme magnétiseur, des somnambules non suspects; il m'est en conséquence
permis de parler du magnétisme avec quelque connaissance de cause, sinon pour raisonner de la nature du fluide supposé, du moins
pour apprécier les effets de l'agent inconnu.

Eh bien, j'ai endormi, j'ai fait parler, j'ai

fait sentir ma volonté mentale. J'ai recueilli
les ordonnances que prescrivaient les somnambules, soit pour eux, soit pour autrui; j'ai ad-
ministré les remèdes qu'ils recommandaient
avec la précaution de les faire approuver par
des médecins. J'ai magnétisé avec la plus grande
constance et avec le plus tendre et le plus
religieux intérêt ces mêmes somnambules,
sur les directions qu'ils me donnaient dans
leur sommeil; je devais compter quelques
succès. Je déclare ici que faute de chance, et
non pas de talent, puisque le magnétiseur,
guidé par le somnambule, n'apporte aucune
habileté propre dans le traitement, je n'ai
jamais obtenu ni cure ni soulagement.

D'autres magnétiseurs ont-ils été plus heu-
reux que moi? Je les consulte. Ils me disent
que les somnambules ont ordonné à tort et
à travers des remèdes généralement doux et
innocens; que quelquefois et après un tems
assez long, les malades ont paru s'en trouver
assez bien, et que le plus souvent ils n'en
ont éprouvé aucun bienfait.

Je vois dans les livres apologétiques du magnétisme les récits de cures nombreuses; sans
injure pour les auteurs, je peux supposer
qu'ils se taisent sur les non-succès. Cepen-

2*

dant quand je prends les cures pour incontestables, je ne remarque autre chose, sinon qu'elles ne se sont manifestées qu'après de longs traitemens de plusieurs semaines, de plusieurs mois, et presque toujours après l'usage de médicamens divers.

De bonne foi, pouvons-nous comparer ces lentes, laborieuses ou douteuses guérisons par des remèdes, avec les effets instantanés obtenus par Madame de Saint-Amour qui ne voit son malade que pendant quelques secondes, et s'abstient de le médicamenter?

Cette dame a autrefois magnétisé, elle a été somnambule. On lui a montré les procès-verbaux des consultations qu'elle-même donnait dans son sommeil magnétique; elles les a comparées avec les résultats obtenus, et à la vue des erreurs sans nombre dans lesquelles elle était involontairement tombée, elle a renoncé à cette pratique équivoque qui est à peine arrivée dans le domaine de la science. Sans doute, elle touche les parties malades, elle fait une sorte d'imposition des mains, gestes qui ont pu suggérer la pensée du magnétisme, et auxquels elle n'attache qu'une idée religieuse; mais quand même son assertion mystique pourrait-être contredite, j'affir-

merais encore que les procédés manuels dont
nous parlons, ne sauraient avoir le magnétisme pour objet.

J'en appèle à tous les magnétiseurs. Ne faut-
il pas une constitution et une santé robustes
pour donner au fluide une vive action? A-t-
on jamais magnétisé trois ou quatre malades
seulement, sans les couvrir de *passes* fatigantes
pendant plusieurs heures consécutives? On a
endormi plus ou moins subitement; mais a-t-
on jamais fait cesser presque subitement une
infirmité? Une grande fatigue ne succède-t-elle
pas toujours chez le magnétiseur à ses opérations, pour peu qu'il les prolonge? A-t-on vu
quelque magnétiseur que ce soit travailler sur
le fluide pendant des journées entières, tou-
cher en deux heures, cinquante et soixante
malades? Au dixième, ne serait-il pas tombé
d'épuisement? — Et ce serait une femme faible
et délicate, jouant un rôle honteux sous les
yeux d'observateurs sévères, qui soutiendrait
de pareilles épreuves! Mais toutes les doctrines reçues du magnétisme en seraient boule-
versées, sous le rapport moral comme sous
le rapport physique: le fourbe est, tous les
auteurs en conviennent, le plus faible des
magnétiseurs.

Le fluide magnétique a ses lois comme la manne et le quinquina, comme l'aimant et la pésanteur, comme tout ce que nous connaissons ou croyons connaître dans la nature. Je n'en saurais disconvenir. Mais ces lois ne sont évidemment pas applicables aux cas que nous examinons.

Mais, a-t-on insinué, toutes les doctrines magnétiques ne sont pas publiées. Il existe des ouvrages manuscrits où sont consignés des procédés allemands encore occultes, et qui donnent à celui qui les met en pratique une puissance magique. Madame de Saint-Amour en a eu connaissance, et sous le masque de l'hypocrisie, elle abuse de cette circonstance pour nous en imposer au nom du ciel.

Pour écarter l'imputation d'une profanation aussi coupable, il suffit de connaître, je ne dis pas le désintéressement de Madame de Saint-Amour, (personne ne s'est encore avisé de parler de ses profits, qui cependant seraient aussi légitimement acquis que les émolumens du médecin, s'il n'était question que d'un remède humain), il suffit de connaître, dis-je, sa tendre piété et le peu de mérite qu'elle s'attribue au sujet de son don de guérison. Cette piété, si c'était par de simples dis-

cours qu'elle se serait manifestée, on pourrait
la soupçonner d'affectation, mais ne l'avons-
nous pas vue descendre du sanctuaire de
l'âme jusque dans les actes de la charité la
plus réelle, jusqu'aux soins prodigués aux
plaies les plus répugnantes pour une femme
du monde, jusqu'à l'attouchement périlleux
des infirmités contagieuses? Qui a fréquenté
Madame de Saint-Amour, qui a entendu ses
longs et vifs entretiens, dans lesquels, pressée
d'objections, elle ne s'est jamais démentie ni
troublée, qui a entendu l'accent de sa prière,
et oserait jeter le plus léger nuage sur sa can-
deur et sa sincérité! Je craindrais d'en flétrir
la pureté, si j'essayais de défendre en elle
ces qualités!

Toutefois, ces manuscrits dont on a parlé,
ne pourraient-ils pas renfermer sous l'enve-
loppe de doctrines mystiques, l'exposé d'une
sorte de magnétisme prétendu religieux, au-
quel une âme pieuse, mais peu éclairée,
pourrait s'être laissée prendre? Madame de
Saint-Amour pratiquerait-elle de la magie
sans le savoir? Ces pensées, moins offensantes
que celles des critiques, me sont venues comme
à eux, car je nai pas plus envie qu'un autre d'être dupe, même d'une erreur inno-

cente. J'ai donc cherché ces manuscrits si
curieux ; ils m'ont été obligeamment confiés
par la personne qui les possède et qui est
aussi avide que nous de la vérité. Je les ai
tous lus avec attention : je peux affirmer
qu'ils ne renferment rien que je n'aie trouvé
imprimé dans les ouvrages de MM. Deleuze
et De Puységur. Ils passeront de mes mains
dans celles d'une personne très-versée dans
l'exercice du magnétisme : son témoignage
viendra confirmer celui que je donne.

Je combattrais donc une chimère, si je
m'évertuais contre l'hypothèse d'un magnétisme magique, exercé au nom des enfers.
Ce ne peuvent être nos médecins qui la flat-
teraient, eux qui à peine osent parler du
magnétisme ordinaire comme moyen curatif.
Ils ont trop l'habitude du positif dans les
sciences humaines, pour consentir à élever
un système sur un argument sans base. A
ceux qui voudraient raisonner sur la supposition de l'existence de la magie, je ré-
pondrais : d'abord qu'avec des suppositions,
nous mettrions tout en question, jusqu'à la
création même du monde par la puissance
divine, car nous pourrions supposer que la
matière a pu se créer elle-même ; ce qui

nous conduirait loin , comme on voit ; ensuite,
que quand cette supposition porte sur l'existence de la magie , nous sommes bien en
droit de demander à celui qui l'a fait , quelle
est cette magie qui opère à l'insçu de l'être
qui la pratique ? Qu'on veuille bien nous expliquer, autrement que par un peut-être, ce que
c'est que ce magnétisme magique , et quand
nous le connaîtrons, nous entrerons volontiers
en discussion sur les puissances occultes et
sur le pouvoir du démon. En attendant, ni
le fluide magnétique , ni le magnétisme magique ne peuvent, non plus que l'imagination , nous donner raison de ce que nous
cherchons ; il y a donc nécessité pour nous
d'examiner la troisième cause à laquelle on
a attribué les effets salutaires obtenus par
l'intermédiaire de Madame de Saint-Amour,
cause qu'elle invoque elle-même : je veux
dire la prière.

Qu'on ne craigne point que je tente , à ce
sujet , de m'enfoncer dans des digressions
religieuses : je serai bref et discret sur cette
matière délicate.

J'ai autrefois tourné , comme beaucoup
d'autres , autour de l'important problème de
l'homme et de sa destinée. Les questions,

qui suis-je ? où vais-je ? m'ont occupé sérieusement ; j'ai tenté de mille manières de les résoudre sans le secours de la tradition et de la révélation. Je me flattais de trouver le repos dans un déisme qui sanctionnait la moralité dont je sentais le besoin. Vains efforts ! Je m'apercevais bientôt que mes logiques déductions manquaient de base , soit dans la raison humaine isolée , soit dans un sentiment vaporeux , et qu'elles n'étaient en réalité que des larcins que je faisais, à mon insçu , à la sagesse de l'Evangile. Dès-lors la tradition de qui seule je recevais des préceptes persuasifs , quoiqu'extra-rationels , ne me parut plus méprisable , et le grand acte de la régénération humaine prit à mes yeux un nouveau caractère , celui d'une vérité nécessaire. Convaincu que si l'on peut , de nos jours , combattre logiquement, avec succès, la thèse de la non-existence de Dieu, l'idée de l'être en soi n'aurait cependant jamais pu sortir d'elle-même de nos seules facultés intellectuelles, je dus admettre une révélation sensible , et de ce point de départ je me refugiai dans le sein du christianisme. Je ne me suis plus , depuis long-tems, expliqué le monde que par lui , et c'est lui dont je crois qu'il importe d'imprégner tous nos actes tant sociaux que moraux.

Cette apologie, que le lieu ne permet pas d'étendre davantage, est ici pour expliquer pourquoi je n'envisagerai, en cette circonstance, la prière que comme chrétien.

La prière est une élévation de l'âme à Dieu, qui établit entre lui et nous un rapport très-remarquablement senti par les personnes qui s'y livrent, et qui a pour résultat un effet salutaire, non moins sensiblement perçu par elles. Par la prière, nous adressons nos louanges ou nos adorations au Créateur, nous lui rendons grâce, nous nous mettons entre ses mains; nous lui faisons aussi des demandes pour obtenir certaines faveurs. Les demandes peuvent être indiscrètes, mais cette possibilité de l'abus est loin d'impliquer l'interdiction de demander. Nous demandons des grâces spirituelles, telles que la fortitude et l'influence dans la conscience de la lumière céleste; nous en demandons aussi de temporelles, telles que la bénédiction des champs, le succès des armes et le recouvrement de la santé. Nous ne prétendons pas solliciter par là un changement dans les lois de la Providence, parce que ces lois, malgré nos tentatives humaines d'explications, sont au-dessus de notre intelligence de toute la distance du fini à l'infini. Mais puisqu'il nous est permis de demander, il y aurait contradiction, injure à supposer que c'est en vain que nous demandons; et à croire que d'une cause morale ne saurait résulter un effet sensible sur la terre. Madame de Saint-Amour, élevée ainsi que nous dans la religion chrétienne, ne fait donc rien que de très-louable, en mettant sa confiance dans la prière, pour obtenir du ciel des grâces tant temporelles que spirituelles. Ici, je pense, mon lecteur me comprend bien, ce n'est pas de la prière des lèvres qu'il s'agit, mais de celle du cœur, faite en esprit et avec vérité; il entend que celle-ci seule sera exaucée, suivant la pureté de l'âme qui l'adresse, ou suivant des lois dont la profondeur est pour nous aussi inaccessible que digne d'un religieux respect.

La théorie de Madame de Saint-Amour, si tant est qu'on puisse appeler théorie son pieux entraînement, est que Dieu accorde le don de guérison à qui il lui plaît; que ce don peut être demandé; qu'accordé, il a une efficacité subordonnée aux vues pro-

videntielles ; qu'elle l'a demandé pendant
deux ans avec confiance , comme de tous le
plus approprié à sa situation sociale ; qu'elle
l'a obtenu, et qu'elle se croit obligée par la
charité d'en faire usage. Ce don opère en
raison de la foi en Dieu de celui qui en ré-
clame près d'elle l'application. Tantôt stérile
à l'égard de l'incrédule, tantôt passager à
l'égard de celui dont la foi est intermittente,
ou proportionnée dans les effets à l'intensité
de cette foi, il est cependant applicable aux
hommes de toutes les communions chez qui
réside, avec une vive confiance dans la Divinité, confiance d'ailleurs susceptible d'é-
clairement, ce véritable amour du bien, qui
le pratique sans intérêt personnel, et dans
la seule vue de plaire à une divinité invin-
ciblement, c'est-à-dire, innocemment mal
conçue.

Un homme adroit n'arrangerait pas mieux
les choses, entends-je dire avec surprise,
pour expliquer quelques faits accidentels et
pallier les non-succès. Sans doute un homme
adroit en dirait autant, car on n'a jamais
plus d'adresse que quand on touche à la réalité. Mais ce rapprochement n'infirme pas la
théorie : nos vérités les plus sublimes ne sont

pas les plus compliquées, et notre confession
de l'existence du Créateur ne reçoit aucun
échec de ce vers adroit de Voltaire :

« Si Dieu n'existait pas, il faudrait l'inventer ».

Or, si cette théorie se retrouve dans nos
livres sacrés, si toutes autres explications
des effets produits par Madame de S.-Amour
sont insuffisantes, si celle-ci tend si heu-
reusement à rappeler dans les hommes des
sentimens religieux trop affaiblis, pourquoi
refuserions-nous de l'admettre ?

Serait-ce à cause du choix de l'individu,
qu'aucun précédent n'a illustré ? Mais Dieu
prend ses serviteurs sans considération, ni
de leur mérite propre, ni de leur condition.

Serait-ce à cause de l'époque ? Mais jamais
on n'a tant réclamé qu'aujourd'hui l'assis-
tance divine pour une régénération. « Nous
» marchons, dit Mr le comte de Maistre, avec
» une rapidité accélérée qui doit frapper tout
» observateur sans prévention, vers un évé-
» nement immense dans l'ordre religieux ».

Serait-ce dans la crainte des faux docteurs
et des faux prophètes ? Mais on les reconnait
à leurs fruits, et ceux que nous voyons
sont bons. Madame de Saint-Amour n'a ni

prophétisé ni endoctriné ses malades ; elle a cherché seulement à les tirer d'un déplorable engourdissement à l'égard de la foi en Dieu et de la charité, acte en tous tems recommandable, et qui n'a rien de spécialement dogmatique ; elle a respecté tous les scrupules, ceux - même que le monde traite de superstitions, les pélerinages, les cierges, les neuvaines. A qui lui déclarait qu'il voulait se rendre au tribunal de la pénitence, allez, disait - elle, et que votre contrition soit sincère.

Serait-ce en souvenir du cimetière de Saint-Médard ? Mais les prodiges de 1732 servaient à la confirmation d'une certaine doctrine contestée et oubliée, dont la bulle *Unigenitus* était l'occasion. Ici, rien de semblable. Aucun malade n'a entendu dire à Madame de Saint-Amour : renoncez à votre opinion religieuse et suivez la mienne, car Dieu la protège par des miracles.

Serait-ce parce que nous ne saurions nous expliquer à quelle fin Dieu aurait accordé cette grâce extraordinaire à une dame du monde ? Mais, si j'en crois certains rapports, le don de guérison, sans être commun, ne serait pas aussi rare que nous nous l'imaginons ; et le fût-il, est - ce nous, chré-

tiens, qui pouvons manifester la présomp-
tion de pénétrer dans les saints décrets de la
Providence? Expliquez-moi pourquoi pendant
tant de siècles, elle avait voilé à nos yeux
la vaccine! Sans doute vous croyez que la
main qui compte les cheveux de notre tête,
préside aussi aux événemens de ce monde.

Serait-ce, enfin, parce que toutes les tentatives de guérison n'ont pas réussi? Mais les
disciples eux-mêmes y échouaient quelquefois.

Je cherche quels autres motifs pourraient
nous faire récuser un agent que justifient à-la-
fois et la raison et la piété, et que tous les
systêmes religieux connus ont préconisé; car
tous en recommandant de demander des grâces au ciel, ont nécessairement reconnu
qu'elles étaient susceptibles d'être accordées.
Je cherche et je ne trouve que les vieilles
objections des matérialistes du dernier siècle,
auxquelles, certes, je n'ai nulle envie de
répondre ici.

Cependant je m'entends encore dire avec
l'accent du reproche: invoquant ici les paroles de l'Evangile, vous comparez donc la
mission de cette dame avec celle des apôtres? — Non sans doute. Lorsque Saint Paul,
dans sa première épitre aux Corinthiens,

chap.

(chap. XII), après avoir dit qu'il y a diversité
de dons spirituels, diversité de ministères,
diversité d'opérations, quoique tous pro-
venant du même esprit, en vient à énumé-
rer les dons d'enseignement, de prophéties,
des langues et des miracles, lui-même dis-
tingue spécialement ceux - ci de la grâce de
guérir les malades, et l'on va voir qu'elle
n'est point exclusive aux apôtres.

En effet, la preuve qu'il ne faut pas con-
fondre leur auguste mission avec celle dont
nous traitons, se trouve dans les versets 28
à 31 du même chapitre, que je n'ai garde de
recuser, et que je vais respectueusement
transcrire.

V. 28. « Ainsi Dieu a établi dans son Eglise,
» en premier lieu, des Apôtres, secondement
» des Prophètes, et troisièmement des Doc-
» teurs; ensuite ceux qui ont la vertu de faire
» des miracles; *puis ceux qui ont le don de*
» *guérir les maladies;* ceux qui ont le don
» d'assister les frères; ceux qui ont le don
» de les gouverner; ceux qui ont le don de
» parler diverses langues; ceux qui ont le don
» de les interpréter ».

V. 29. « Tous sont-ils apôtres? Tous sont-ils
» prophètes? Tous sont-ils docteurs? »

V. 30. « Tous font-ils des miracles? *Tous*
» *ont-ils le don de guérir les maladies?* Tous
» parlent-ils diverses langues? Tous ont-ils
» le don de les interpréter? »

V. 31. Entre ces dons, désirez avec plus
» d'ardeur ceux qui sont les meilleurs. Mais
» je vous montre encore une voie beaucoup
» plus excellente. »

Puis il passe à son sublime chapitre sur
la charité qu'avec lui nous mettons de grand
cœur au-dessus de tous les autres dons.

Ces trois versets me paraissent éclatans de
lumière. En effet la personne qui nous oc-
cupe n'enseigne, ni ne prophétise; elle ne
fait point de miracles comme en ont fait les
apôtres et d'autres saints personnages; elle
guérit des malades, et pratique la charité. La
fonction est ici nettement indiquée.

Il n'y a donc nulle difficulté à admettre
que Dieu ait pu accorder à l'un de ses serviteurs, le don de guérir par la prière. Ce
don, donne lieu à un ministère séparé, très-
propre sans doute à seconder les effets de la
prédication, autre ministère séparé; mais il
ne me paraît pas avoir une liaison nécessaire avec la mission spéciale de répandre et
d'interpréter la parole.

Entre trois explications qui me sont présentées , j'en vois deux qui ne reposent sur aucune base solide. On m'en présente une troisième dont la pureté ne peut être contestée, dont l'accord avec les livres saints est évident, dont l'effet ne peut être que favorable à l'extension des bienfaits du christianisme, et à l'amélioration des hommes. Jusqu'à ce qu'on me donne une quatrième explication plus lucide, jugeant de la cause par l'effet, ou de l'arbre par ses fruits, je ne pense pas compromettre mon jugement, ou exposer mon salut, en adoptant celle qui a pour sanction, l'autorité que je respecte le plus. J'admets l'intervention d'une loi de l'ordre spirituel dans les effets produits par Madame de Saint-Amour.

Il n'y aurait plus d'objections à tirer que de ce que la dame chrétienne que l'auteur de toutes choses a ainsi favorisée de l'une de ses grâces, n'est pas dans l'intégrité de la catholicité romaine. J'avoue que je ne saurais me rendre à un rigorisme qui supposerait la damnation éternelle de tous les dissidens, la perte irréparable de tant de sages d'entre eux, anciens et modernes, que j'estime et voudrais imiter ; j'avoue que je m'abstiens de prendre dans ce sens les décrets de la divine providence. « Dieu veut que tous les hommes soient sauvés », dit Saint Paul à Timothée. Appliquant ces paroles à tous les hommes de bien, c'est dans cette doctrine que je me plais à me reposer.

Mais nous marchons, j'aime à le croire, vers une sainte unité moins offensante pour nos affections les plus consciencieuses; je fonde ma confiance en cela sur les rapports de moins en moins hostiles que je vois s'établir entre le Vatican et les nations chrétiennes hiérarchiquement séparées.

Nantes, le 2 Octobre 1828.

www.ingramcontent.com/pod-product-compliance
Lightning Source LLC
Chambersburg PA
CBHW060753280326
41934CB00010B/2470